本書の特色と使い方

5段階指導で　どの子にも　確実に　高い漢字力が　身につきます。

1 **書き順**

正しい書き順が身につくよう，はじめに書き順を何度も練習しましょう。

読み方は，小学校で習うものを書いておきました。

2 **漢字の読み**

書き順のページを見て，どんな読み方をするのが一番よいのか考えて書きましょう。

答えあわせは，なぞり書きのページを見てしましょう。

3 **なぞり書き**

書き順と漢字の読み方を練習したあと，一字ずつお手本をなぞり書きしましょう。

同じページをコピーして何回もなぞり書きをすると，とても美しい文字が書けるようになります。また高い漢字力が自然に身につきます。

4 **漢字の書き取り**

前のページを見ないで，テストのつもりで，ていねいに書きましょう。

書いたあとは必ず，すぐに○をつけましょう。まちがった漢字は，くりかえし練習しましょう。

このページを２～３枚コピーしておいて，何度も練習するのもよいでしょう。

5 **テスト**

漢字の書き取りのページ，数枚につき，１回の割合で，まとめテストがあります。

その学年で習う新出漢字や読みかえ漢字を中心に出題しました。実力テストと思って，チャレンジしましょう。


やさしい手書き文字（書き順を除く）が，子どもたちの心をあたたかくはげまします。

かきじゅんに　きをつけて　ていねいに　かきましょう

あたらしくでた かんじ P3〜P8

なまえ

木 ボク モク／き こ
四かく
一 十 才 木

大 ダイ タイ／おお おおきい
三かく
一 ナ 大

小 ショウ／ちいさい こ お
三かく
亅 小 小

一 イチ イツ／ひと ひとつ
一かく
一

二 ニ／ふた ふたつ
二かく
一 二

三 サン／み みっつ
三かく
一 二 三

四 シ／よ よつ よっつ よん
五かく
丨 冂 四 四 四

かきじゅんに　きをつけて　ていねいに　かきましょう

あたらしくでた かんじ P6〜P11

なまえ

五 ゴ／いつ いつつ
四かく
一 丆 五 五

六 ロク／む むつ むっつ むい
四かく
丶 亠 六 六

七 シチ／なな ななつ なの
二かく
一 七

八 ハチ／や やつ やっつ よう
二かく
ノ 八

九 キュウ ク／ここの ここのつ
二かく
ノ 九

十 ジュウ ジッ／と とお
二かく
一 十

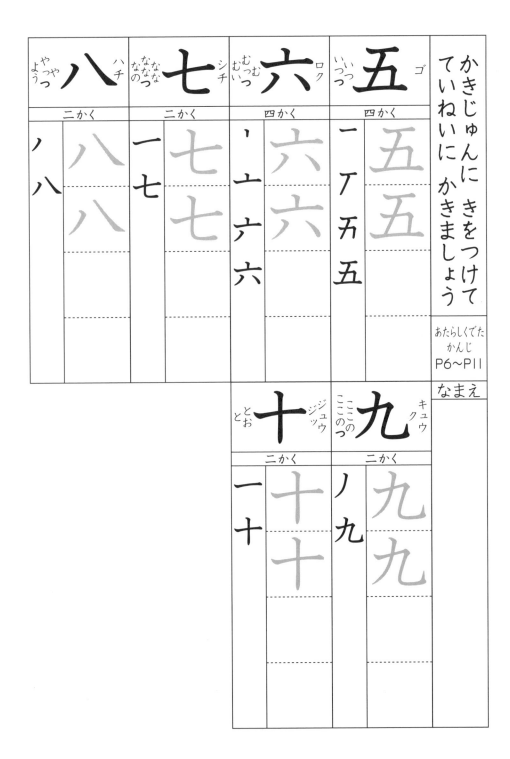

ていねいに
よみがなを　かきましょう

なまえ

1 わたしの木

2 大きい

3 小さい

4 一つ

5 一ぴき

ていねいに
よみがなを　かきましょう

なまえ

1 二つ

2 二ひき

3 三つ

4 三にん

5 木にのぼる

ていねいに なぞりがきを しましょう

1 わたしの木《き》

2 大《おお》きい

3 小《ちい》さい

4 一《ひと》つ

5 一《いっ》ぴき

なまえ

ていねいに なぞりがきを しましょう

1 二《ふた》つ

2 二《に》ひき

3 三《みっ》つ

4 三《さん》にん

5 木《き》にのぼる

なまえ

かんじを ていねいに かきましょう

1 わたしの き

2 おおきい

3 ちいさい

4 ひとつ

5 いっぴき

なまえ

かんじを ていねいに かきましょう

1 ふたつ

2 にひき

3 みっつ

4 さんにん

5 きに のぼる

なまえ

ていねいに
よみがなを　かきましょう

1 四つ

2 四ひき

3 五つ

4 五ほん

5 六つ

なまえ

ていねいに
よみがなを　かきましょう

1 六だい

2 七つ

3 八つ

4 七ひき

5 八まい

なまえ

ていねいに
なぞりがきを しましょう

1 四《よっ》つ

2 四《よん》ひき

3 五《いつ》つ

4 五《ご》ほん

5 六《むっ》つ

なまえ

ていねいに
なぞりがきを しましょう

1 六《ろく》だい

2 七《なな》つ

3 八《やっ》つ

4 七《しち》ひき

5 八《はち》まい

なまえ

かんじを ていねいに かきましょう

1 よっつ

2 よんひき

3 いつつ

4 ごほん

5 むっつ

なまえ

かんじを ていねいに かきましょう

1 ろくだい

2 ななつ

3 やっつ

4 しちひき

5 はちまい

なまえ

ていねいに よみがなを かきましょう

1 九こ

2 九つ

3 十がつ

4 十ぴき

5 大きな木

なまえ

ていねいに よみがなを かきましょう

1 四じかん

2 五ほん

3 六ぴき

4 小さないし

5 八ばんめ

なまえ

ていねいに なぞりがきを しましょう

1 九《きゅう》こ

2 九《ここの》つ

3 十《じゅう》がつ

4 十《じっ》ぴき

5 大《おお》きな木《き》

なまえ

ていねいに なぞりがきを しましょう

1 四《よ》じかん

2 五《ご》ほん

3 六《ろっ》ぴき

4 小《ちい》さないし

5 八《はち》ばんめ

なまえ

かんじを ていねいに かきましょう

1 きゅうこ

2 ここのつ

3 じゅうがつ

4 じっぴき

5 おおきな き

なまえ

かんじを ていねいに かきましょう

1 よじかん

2 ごほん

3 ろっぴき

4 ちいさな いし

5 はちばんめ

なまえ

かきじゅんに　きをつけて　ていねいに　かきましょう

手	天	青
シュ / て	テン / あま	セイ / あお あおい
四かく	四かく	八かく
一 二 三 手	一 二 テ 天	一 十 キ 主 丰 青 青 青

あたらしくでた　かんじ　P13〜P15

なまえ

れんしゅう　しましょう

天 手 男 子
天 手 男 子
青 天 女 空
青 天 女 空

かきじゅんに　きをつけて　ていねいに　かきましょう

子	空	男
スシ / こ	クウ / そら あける から	ダン ナン / おとこ
三かく	八かく	七かく
了 了 子	丶 八 宀 宀 穴 空 空 空	丨 口 田 田 田 男 男

女
ジョ / おんな
三かく
く 女 女

あたらしくでた　かんじ　P13〜P15

なまえ

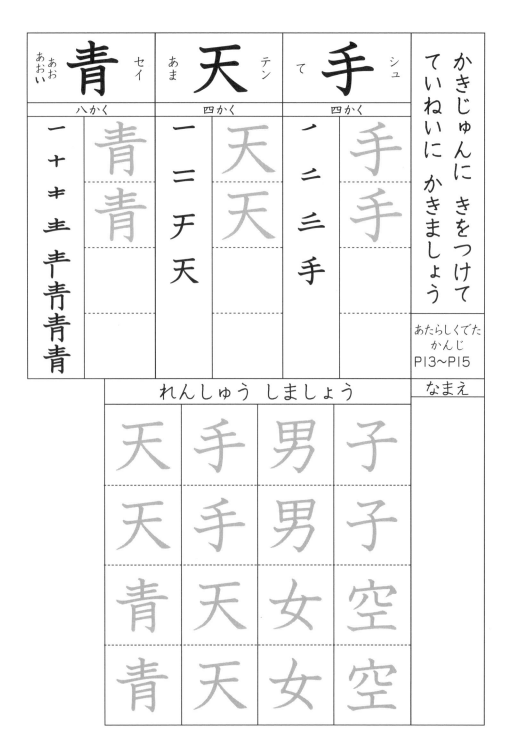

ていねいに よみがなを かきましょう

1
子どもたち

2
とおい空

3
女の子

4
男の子

5
空のなか

なまえ

ていねいに よみがなを かきましょう

1
手あらい

2
天にとどく

3
青い空

4
男のひと

5
女のひと

なまえ

ていねいに なぞりがきを しましょう

1 子《こ》どもたち

2 とおい空《そら》

3 女《おんな》の子《こ》

なまえ

4 男《おとこ》の子《こ》

5 空《そら》のなか

ていねいに なぞりがきを しましょう

1 手《て》あらい

2 天《てん》にとどく

3 青《あお》い空《そら》

なまえ

4 男《おとこ》のひと

5 女《おんな》のひと

かんじを ていねいに かきましょう

1 こどもたち

2 とおい そら

3 おんなのこ

4 おとこのこ

5 そらの なか

なまえ

かんじを ていねいに かきましょう

1 てあらい

2 てんに とどく

3 あおい そら

4 おとこのひと

5 おんなのひと

なまえ

まとめテスト（1）

P5
P8
P11
P15

なまえ

① □《おお》きな ② □《き》

③ □《ひと》つ たたく

④ □《ちい》さな ⑤ □《て》

⑥ □《さん》にん

⑦ □《よっ》つ

⑧ □《じっ》ぽん

⑨ □《あお》い ⑩ □《そら》

⑪ □《おんな》の ⑫ □《こ》

⑬ □《てん》に とどく

⑭ □《ろく》まい

⑮ □《きゅう》こ

こぶたが ⑯ □《しち》ひき

⑰ □《はち》にん

⑱ □《おとこ》の ひと

えんぴつが ⑲ □《ご》ほん

りんごが ⑳ □《に》こ

まとめテスト (2)

P5
P8
P11
P15

なまえ

① □《みっ》つ

② □《いっ》ぴきの いぬ

③ □《いつ》つ

④ □《おお》きな くるま

⑤ □《ちい》さな はっぱ

⑥ □《ふた》つ

⑦ □《よん》まい

⑧ □《あお》い くつ

⑨ □《そら》を みる

⑩ □《てん》まで とどけ

⑪ □《おんな》の ひと

⑫ □《はち》ひき

⑬ □《ここの》つ

⑭ □《ろっ》こ

⑮ □《おとこ》の

⑯ □《こ》

⑰ □《なな》ほんの

⑱ □《き》

⑲ □《とお》かぞえる

⑳ □《て》を つなぐ

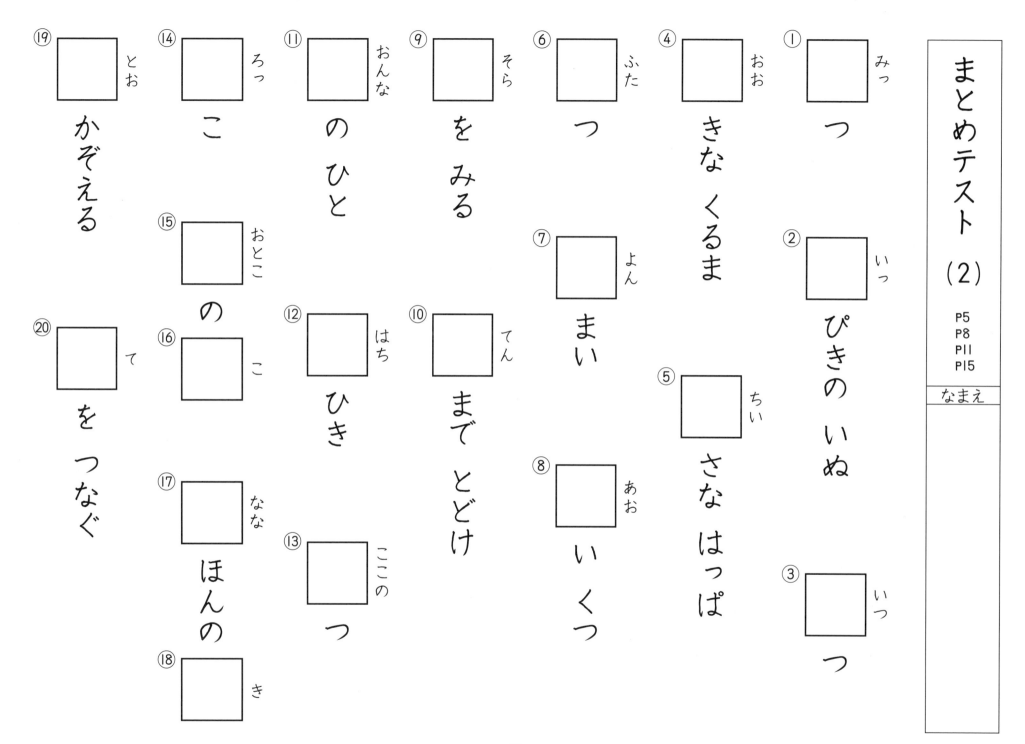

かきじゅんに きをつけて ていねいに かきましょう

見《ケン》《みる みえる みせる》

七かく

学《ガク》《まなぶ》

八かく

校《コウ》

十かく

虫《チュウ》《むし》

六かく

あたらしくでた かんじ P19～P21

なまえ

かきじゅんに きをつけて ていねいに かきましょう

文《ブン モン》

四かく

正《セイ ショウ》《ただしい まさ》

五かく

字《ジ》

六かく

あたらしくでた かんじ P19～P21

なまえ

れんしゅう しましょう

ていねいに
よみがなを　かきましょう

なまえ

1
見つける

2
学校

3
子どもたち

4
虫かご

5
青い空

ていねいに
よみがなを　かきましょう

なまえ

1
文しょう

2
正しい

3
字をかく

4
虫とり

5
見せる

ていねいに なぞりがきを しましょう

1 見《み》つける

2 学《がっ》校《こう》

3 子《こ》どもたち

4 虫《むし》かご

5 青《あお》い空《そら》

なまえ

ていねいに なぞりがきを しましょう

1 文《ぶん》しょう

2 正《ただ》しい

3 字《じ》をかく

4 虫《むし》とり

5 見《み》せる

なまえ

かんじを ていねいに かきましょう

なまえ

1 みつける

2 がっこう

3 こどもたち

4 むしかご

5 あおい そら

かんじを ていねいに かきましょう

なまえ

1 ぶんしょう

2 ただしい

3 じを かく

4 むしとり

5 みせる

かきじゅんに きをつけて ていねいに かきましょう

あたらしくでた かんじ P23～P25

なまえ

山	水	雨
サン / やま	スイ / みず	ウ / あめ あま
三かく	四かく	八かく
丨 山 山	亅 力 水 水	一 丆 冂 帀 雨 雨 雨 雨

上	下	日
ジョウ / うえ あがる のぼる	カ ゲ / した さがる くだる おりる	ジツ ニチ / ひ か
三かく	三かく	四かく
丨 卜 上	一 丅 下	丨 冂 日 日

かきじゅんに きをつけて ていねいに かきましょう

あたらしくでた かんじ P26～P28

なまえ

火	田	川
カ / ひ	デン / た	かわ
四かく	五かく	三かく
丶 丷 火 火	丨 冂 田 田 田	丿 川 川

竹	月
チク / たけ	ガツ ゲツ / つき
六かく	四かく
丿 𠂉 ケ 竹 竹 竹	丿 刀 月 月

ていねいに
よみがなを　かきましょう

1 山の上

2 水たまり

3 雨がふる

4 つくえの下

5 日がのぼる

なまえ

ていねいに
よみがなを　かきましょう

1 水あそび

2 雨の日

3 下をみる

4 たかい山

5 たなの上

なまえ

ていねいに なぞりがきを しましょう

1 山《やま》の上《うえ》

2 水《みず》たまり

3 雨《あめ》がふる

4 つくえの下《した》

5 日《ひ》がのぼる

なまえ

ていねいに なぞりがきを しましょう

1 水《みず》あそび

2 雨《あめ》の日《ひ》

3 下《した》をみる

4 たかい山《やま》

5 たなの上《うえ》

なまえ

かんじを ていねいに かきましょう

1 やまの うえ

2 みずたまり

3 あめが ふる

4 つくえの した

5 ひが のぼる

なまえ

かんじを ていねいに かきましょう

1 みずあそび

2 あめの ひ

3 したを みる

4 たかい やま

5 たなの うえ

なまえ

ていねいに よみがなを かきましょう

なまえ

1 お日さま

2 火をけす

3 田うえ

4 大きな川

5 竹やぶ

ていねいに よみがなを かきましょう

なまえ

1 月がでる

2 川あそび

3 竹とんぼ

4 山のぼり

5 田んぼ

ていねいに
なぞりがきを　しましょう

1 お日《ひ》さま

2 火《ひ》をけす

3 田《た》うえ

4 大《おお》きな川《かわ》

5 竹《たけ》やぶ

なまえ

ていねいに
なぞりがきを　しましょう

1 月《つき》がでる

2 川《かわ》あそび

3 竹《たけ》とんぼ

4 山《やま》のぼり

5 田《た》んぼ

なまえ

かんじを ていねいに
かきましょう

なまえ

1 おひさま

2 ひを けす

3 たうえ

4 おおきな かわ

5 たけやぶ

かんじを ていねいに
かきましょう

なまえ

1 つきが でる

2 かわあそび

3 たけとんぼ

4 やまのぼり

5 たんぼ

まとめテスト (3)

P21
P25
P28

なまえ

①□②□《がっこう》へ いく

③□《あめ》が ふる

④□《つき》が でる

⑤□《やま》に のぼる

⑥□《うえ》と ⑦□《した》

⑧□《たけ》とんぼを つくる

ろうそくの ⑨□《ひ》を けす

⑩□《た》うえを する

⑪□《かわ》が ながれる

⑫□《むし》を ⑬□《み》つける

⑭□《ぶん》しょうに かく

⑮□《ただ》しい ⑯□《じ》

⑰□《て》のひら

お⑱□《ひ》さま

⑲□《みず》あそび

⑳□《ちい》さな さかな

まとめテスト（4）

P21
P25
P28

なまえ

①□《むし》のこえ

②□《やま》の③□《うえ》　つくえの④□《した》

⑤□《がっ》⑥□《こう》が⑦□《だい》すき

⑧□《つき》を⑨□《み》る

⑩□《たけ》やぶ

⑪□《あめ》がやむ

⑫□《ちい》さな⑬□《かわ》

⑭□《ひ》がのぼる

⑮□《ひ》がもえる

⑯□《た》んぼ

⑰□《みず》をのむ

⑱□《じ》を⑲□《ただ》しくかく

⑳□《ぶん》をよむ

かきじゅんに きをつけて ていねいに かきましょう

あたらしくでた かんじ P32〜P34

入 ニュウ いる はいる 二かく	町 チョウ まち 七かく	中 チュウ ジュウ なか 四かく
、ノ入	一冂田田町町町	、口口中

れんしゅう しましょう

なまえ

入 入 | 中 中 町 町 | 森 森 出 出 | 気 気 本 本 | 車 車 人 人

かきじゅんに きをつけて ていねいに かきましょう

あたらしくでた かんじ P32〜P34

気 ケ キ 六かく	人 ジン ニン ひと 二かく	車 シャ くるま 七かく
ノ气气気	ノ人	一二百百亘車

なまえ

出 シュツ でる だす 五かく	森 シン もり 十二かく	本 ホン もと 五かく
一十出出	木木森森森	一十オ木本

ていねいに よみがなを かきましょう

1 じどう車

2 いえの人

3 気をつける

4 まい日

5 本をよむ

なまえ

ていねいに よみがなを かきましょう

1 森の中

2 そとに出る

3 町に入る

4 うち中

5 女の子

なまえ

ていねいに なぞりがきを しましょう

1 じどう車《しゃ》

2 いえの人《ひと》

3 気《き》をつける

4 まい日《にち》

5 本《ほん》をよむ

なまえ

ていねいに なぞりがきを しましょう

1 森《もり》の中《なか》

2 そとに出《で》る

3 町《まち》に入《はい》る

4 うち中《じゅう》

5 女《おんな》の子《こ》

なまえ

かんじを ていねいに
かきましょう

なまえ

1 じどうしゃ

2 いえの ひと

3 きを つける

4 まいにち

5 ほんを よむ

かんじを ていねいに
かきましょう

なまえ

1 もりの なか

2 そとに でる

3 まちに はいる

4 うちじゅう

5 おんなのこ

ていねいに
よみがなを　かきましょう

1 はしご車

2 人をのせる

3 日よう日

4 げん気

5 文しょう

なまえ

ていねいに
よみがなを　かきましょう

1 本だな

2 森に入る

3 まわり中

4 町に出る

5 大よろこび

なまえ

ていねいに なぞりがきを しましょう

1 はしご車《しゃ》

2 人《ひと》をのせる

3 日《にち》よう日《び》

4 げん気《き》

5 文《ぶん》しょう

なまえ

ていねいに なぞりがきを しましょう

1 本《ほん》だな

2 森《もり》に入《はい》る

3 まわり中《じゅう》

4 町《まち》に出《で》る

5 大《おお》よろこび

なまえ

かんじを ていねいに かきましょう

1 はしごしゃ

2 ひとを のせる

3 にちようび

4 げんき

5 ぶんしょう

なまえ

かんじを ていねいに かきましょう

1 ほんだな

2 もりに はいる

3 まわりじゅう

4 まちに でる

5 おおよろこび

なまえ

かきじゅんに　きをつけて　ていねいに　かきましょう

あたらしくでたかんじ　P39～P41

なまえ

名《メイ ミョウ な》　六かく
ノ ク タ タ 名 名

夕《ゆう》　三かく
ノ ク 夕

百《ヒャク》　六かく
一 ア ア 百 百 百

円《エン まるい》　四かく
丨 冂 冂 円

千《セン ち》　三かく
ノ 二 千

花《カ はな》　七かく
一 十 艹 艹 芢 花 花

かきじゅんに　きをつけて　ていねいに　かきましょう

あたらしくでたかんじ　P42～P44

なまえ

休《キュウ やすむ やすまる やすめる》　六かく
ノ イ 仁 什 休 休

金《キン コン かね かな》　八かく
ノ 人 亼 亼 全 全 余 金

土《ド ト つち》　三かく
一 十 土

れんしゅう　しましょう

土 休 千 百 名

金 花 円 夕

ていねいに よみがなを かきましょう

なまえ

1 名まえ

2 夕がた

3 五百円

4 千円さつ

5 大すきな花

ていねいに よみがなを かきましょう

なまえ

1 一月一日

2 お正月

3 二月二日

4 三月三日

5 四月四日

ていねいに なぞりがきを しましょう

1 名《な》まえ

2 夕《ゆう》がた

3 五《ご》百《ひゃく》円《えん》

4 千《せん》円《えん》さつ

5 大《だい》すきな花《はな》

なまえ

ていねいに なぞりがきを しましょう

1 一《いち》月《がつ》一日《ついたち》

2 お正月《しょうがつ》

3 二《に》月《がつ》二日《ふつか》

4 三《さん》月《がつ》三日《みっか》

5 四《し》月《がつ》四日《よっか》

なまえ

かんじを ていねいに かきましょう

1. なまえ
2. ゆうがた
3. ごひゃくえん
4. せんえんさつ
5. だいすきな はな

なまえ

かんじを ていねいに かきましょう

1. いちがつついたち
2. おしょうがつ
3. にがつふつか
4. さんがつみっか
5. しがつよっか

なまえ

ていねいに
よみがなを　かきましょう

1 ふゆ休み

2 月よう日

3 火よう日

4 月が出る

5 くりの木

なまえ

ていねいに
よみがなを　かきましょう

1 水よう日

2 木よう日

3 金よう日

4 土よう日

5 土あそび

なまえ

ていねいに
なぞりがきを しましょう

1 ふゆ休《やす》み

2 月《げつ》よう日《び》

3 火《か》よう日《び》

なまえ

4 月《つき》が出《で》る

5 くりの木《き》

ていねいに
なぞりがきを しましょう

1 水《すい》よう日《び》

2 木《もく》よう日《び》

3 金《きん》よう日《び》

なまえ

4 土《ど》よう日《び》

5 土《つち》あそび

かんじを ていねいに かきましょう

1 すいようび
2 もくようび
3 きんようび
4 どようび
5 つちあそび

なまえ

かんじを ていねいに かきましょう

1 ふゆやすみ
2 げつようび
3 かようび
4 つきが でる
5 くりの き

なまえ

ていねいに よみがなを かきましょう

1 五月五日

2 六月六日

3 七月七日

4 八月八日

5 九月九日

なまえ

ていねいに よみがなを かきましょう

1 十月十日

2 二十日

3 水を出す

4 天の川

5 お金

なまえ

ていねいに なぞりがきを しましょう

なまえ

1 五《ご》月《がつ》五《いつ》日《か》

2 六《ろく》月《がつ》六《むい》日《か》

3 七《しち》月《がつ》七《なの》日《か》

4 八《はち》月《がつ》八《よう》日《か》

5 九《く》月《がつ》九《ここの》日《か》

ていねいに なぞりがきを しましょう

なまえ

1 十《じゅう》月《がつ》十《とお》日《か》

2 二《は》十《つ》日《か》

3 水《みず》を出《だ》す

4 天《あま》の川《がわ》

5 お金《かね》

かんじを ていねいに かきましょう

1 ごがつ いつか

2 ろくがつ むいか

3 しちがつ なのか

4 はちがつ ようか

5 くがつ ここのか

なまえ

かんじを ていねいに かきましょう

1 じゅうがつ とおか

2 はつか

3 みずを だす

4 あまのがわ

5 おかね

なまえ

まとめテスト（5）

P34
P37
P41
P44
P47

なまえ

じどう①□《しゃ》

②□《まち》の③□《なか》をあるく

④□《おんな》の⑤□《ひと》

⑥□《き》をつける

⑦□《ほん》をよむ

⑧□《もり》に⑨□《はい》る

⑩□《な》まえ

⑪□《ゆう》がた

⑫□《せん》⑬□《えん》さつを

⑭□《だ》す

⑮□《ひゃく》まい

⑯□《はな》をかざる

⑰□《やす》みじかん

お⑱□《かね》をはらう

⑲□《つち》をほる

お⑳□《しょう》㉑□《がつ》

㉒□《し》㉓□《がつ》㉔□《よっ》㉕□《か》

まとめテスト (6)

P34
P37
P41
P44
P47

なまえ

①□《くるま》の②□《なか》

③□《にち》よう日

④□《まち》に⑤□《で》る

⑥□《は》⑦□《つ》⑧□《か》は⑨□《やす》みです

⑩□《もり》の⑪□《き》

げん⑫□《き》な⑬□《ひと》

⑭□《はな》びら

⑮□《ひゃく》さつ

⑯□《せん》⑰□《えん》の⑱□《ほん》をかう

⑲□《すい》よう

⑳□《きん》よう

㉑□《つち》をこねる

いえに㉒□《はい》る

㉓□《げつ》よう

㉔□《か》よう

八月㉕□《よう》日

音	白	村	
オン おと ね	ハク しろ しろい しら	ソン むら	かきじゅんに きをつけて ていねいに かきましょう
九かく	五かく	七かく	
丶 亠 ᅮ 立 产 音 音	ノ 亻 白 白 白	一 十 オ 木 木 村 村	あたらしくでた かんじ P51〜P53

れんしゅう しましょう

なまえ

玉	目	糸	
ギョク たま	モク め	シ いと	かきじゅんに きをつけて ていねいに かきましょう
五かく	五かく	六かく	
一 丁 干 王 玉	丨 冂 月 月 目	く 幺 幺 糸 糸 糸	あたらしくでた かんじ P51〜P53

れんしゅう しましょう

なまえ

ていねいに よみがなを かきましょう

1 糸車

2 目玉

3 村の人

4 白い花

5 大きな音

なまえ

ていねいに よみがなを かきましょう

1 白い糸

2 村へ下りる

3 まわる音

4 あめ玉

5 目ぐすり

なまえ

ていねいに なぞりがきを しましょう

1 糸車《いとぐるま》

2 目玉《めだま》

3 村《むら》の人《ひと》

4 白《しろ》い花《はな》

5 大《おお》きな音《おと》

なまえ

ていねいに なぞりがきを しましょう

1 白《しろ》い糸《いと》

2 村《むら》へ下《お》りる

3 まわる音《おと》

4 あめ玉《だま》

5 目《め》ぐすり

なまえ

かんじを ていねいに かきましょう

1	2	3
いとぐるま	めだま	むらの ひと

4	5	なまえ
しろい はな	おおきな おと	

かんじを ていねいに かきましょう

1	2	3
しろい いと	むらへ おりる	まわる おと

4	5	なまえ
あめだま	めぐすり	

かきじゅんに　きをつけて
ていねいに　かきましょう

あたらしくでた
かんじ
P55～P57

なまえ

赤
セキ
あか　あかい
七かく
一 十 土 ⺷ 𠆢 赤 赤

生
セイ　ショウ
いきる　うまれる　はえる
五かく
ノ 𠂉 牛 牛 生

耳
みみ
六かく
一 丅 下 𠀋 㠭 耳

王
オウ
四かく
一 丁 干 王

口
コウ　ク
くち
三かく
丨 冂 口

年
ネン
とし
六かく
ノ 𠂉 𠂉 午 𠂉 年

かきじゅんに　きをつけて
ていねいに　かきましょう

あたらしくでた
かんじ
P58～P63

なまえ

立
リツ
たつ　たてる
五かく
丶 亠 亣 立 立

草
ソウ
くさ
九かく
一 十 艹 艹 芇 苩 苩 草 草

先
セン
さき
六かく
ノ 𠂉 牛 生 生 先

犬
ケン
いぬ
四かく
一 ナ 大 犬

早
ソウ
はやい　はやまる
六かく
丨 冂 日 日 旦 早

ていねいに よみがなを かきましょう

1 赤ちゃん

2 生まれる

3 王さま

4 目と耳

5 子ねこ

なまえ

ていねいに よみがなを かきましょう

1 口をあける

2 一年

3 二か月

4 赤いろ

5 耳かざり

なまえ

ていねいに なぞりがきを しましょう

なまえ

1 赤《あか》ちゃん

2 生《う》まれる

3 王《おう》さま

4 目《め》と耳《みみ》

5 子《こ》ねこ

ていねいに なぞりがきを しましょう

なまえ

1 口《くち》をあける

2 一《いち》年《ねん》

3 二《に》か月《げつ》

4 赤《あか》いろ

5 耳《みみ》かざり

かんじを ていねいに かきましょう

1 あかちゃん

2 うまれる

3 おうさま

なまえ

4 め と みみ

5 こねこ

かんじを ていねいに かきましょう

1 くちを あける

2 いちねん

3 にかげつ

なまえ

4 あかいろ

5 みみかざり

ていねいに よみがなを かきましょう

1 耳を立てる

2 草はら

3 一年目

4 一口

5 七日

なまえ

ていねいに よみがなを かきましょう

1 草かり

2 一円玉

3 先に入る

4 立ち上がる

5 出しあう

なまえ

ていねいに なぞりがきを しましょう

1 耳《みみ》を立《た》てる

2 草《くさ》はら

3 一《いち》年《ねん》目《め》

4 一《ひと》口《くち》

5 七《なの》日《か》

なまえ

ていねいに なぞりがきを しましょう

1 草《くさ》かり

2 一《いち》円《えん》玉《だま》

3 先《さき》に入《はい》る

4 立《た》ち上《あ》がる

5 出《だ》しあう

なまえ

かんじを ていねいに かきましょう

1 みみを たてる

2 くさはら

3 いちねんめ

4 ひとくち

5 なのか

なまえ

かんじを ていねいに かきましょう

1 くさかり

2 いちえんだま

3 さきに はいる

4 たちあがる

5 だしあう

なまえ

ていねいに
よみがなを　かきましょう

1 王こく

2 小さい犬

3 六か月

4 早口

5 この先

なまえ

ていねいに
よみがなを　かきましょう

1 上る

2 白い犬

3 一月生まれ

4 学校にいく

5 年をとる

なまえ

ていねいに
なぞりがきを　しましょう

なまえ

1 王《おう》こく

2 小《ちい》さい犬《いぬ》

3 六《ろっ》か月《げつ》

4 早《はや》口《くち》

5 この先《さき》

ていねいに
なぞりがきを　しましょう

なまえ

1 上《のぼ》る

2 白《しろ》い犬《いぬ》

3 一《いち》月《がつ》生《う》まれ

4 学《がっ》校《こう》にいく

5 年《とし》をとる

かんじを ていねいに かきましょう

1 おうこく

2 ちいさい いぬ

3 ろっかげつ

4 はやくち

5 このさき

なまえ

かんじを ていねいに かきましょう

1 のぼる

2 しろい いぬ

3 いちがつ うまれ

4 がっこうに いく

5 としを とる

なまえ

まとめテスト (7)

P53
P57
P60
P63

なまえ

① □《あか》ちゃんが ② □《う》まれる

③ □《おう》さまの ④ □《みみ》

⑤ □《くち》を あける

一 ⑥ □《ねん》が すぎる

いすの ⑦ □《うえ》

もんだいを ⑧ □《だ》す

⑨ □《いぬ》が ほえる

⑩ □《くさ》を たべる

⑪ □《た》ち ⑫ □《あ》がる

⑬ □《さき》に いく

⑭ □《いと》 ⑮ □《ぐるま》

⑯ □《だい》すき

⑰ □《はや》く おきる

⑱ □《しろ》い ⑲ □《こ》ねこ

⑳ □ ㉑ □《なのか》

㉒ □《め》 ㉓ □《だま》

㉔ □《ろっ》か ㉕ □《げつ》

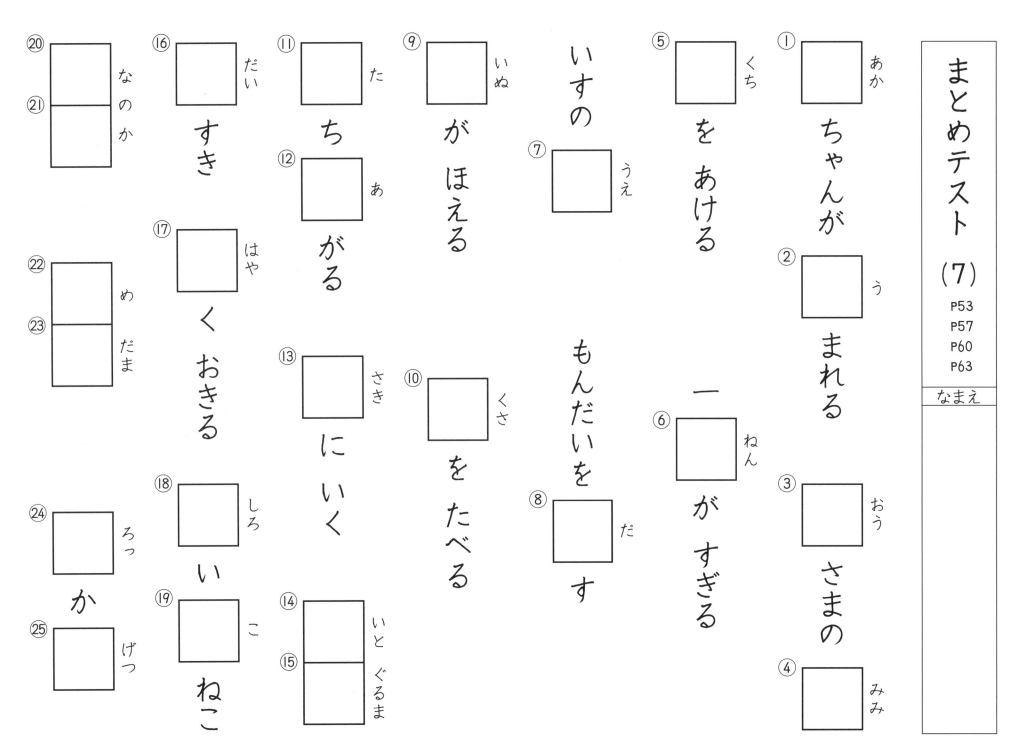

まとめテスト（8）

P53
P57
P60
P63

なまえ

この ①□《さき》の みちを いく

②□《あか》 いろ

③□《ちい》さな

④□《おと》

⑤□《くさ》はら

⑥□《いち》⑦□《ねん》⑧□《め》

⑨□《みみ》を ⑩□《た》てる

⑪□《くち》を あける

⑫□《むら》の人 かいだんを ⑬□《のぼ》る

⑭□《がっ》⑮□《こう》が ⑯□《だい》すき

⑰□《はや》く ⑱□《おお》きくなる

⑲□《か》だん

⑳□《とし》を とる

となりの ㉑□《こ》

㉒□《いち》㉓□《えん》㉔□《だま》を ㉕□《だ》す

かきじゅんに きをつけて ていねいに かきましょう

あたらしくでた かんじ P67〜P69

なまえ

力

ちから　リョク　リキ

二かく

フ 力

左

ひだり　サ

五かく

一 ナ 𠂇 左 左

石

いし　セキ　シャク

五かく

一 丆 不 石 石

れんしゅう しましょう

力 力 石 石 右 右 貝 貝 左 左 足 足 林 林

かきじゅんに きをつけて ていねいに かきましょう

あたらしくでた かんじ P67〜P69

なまえ

右

みぎ　ウ　ユウ

五かく

ノ ナ 𠂇 右 右

林

はやし　リン

八かく

一 十 才 木 木 村 材 林

貝

かい

七かく

丨 冂 月 月 目 貝 貝

足

あし　たりる　たす　ソク

七かく

丶 口 口 早 早 足 足

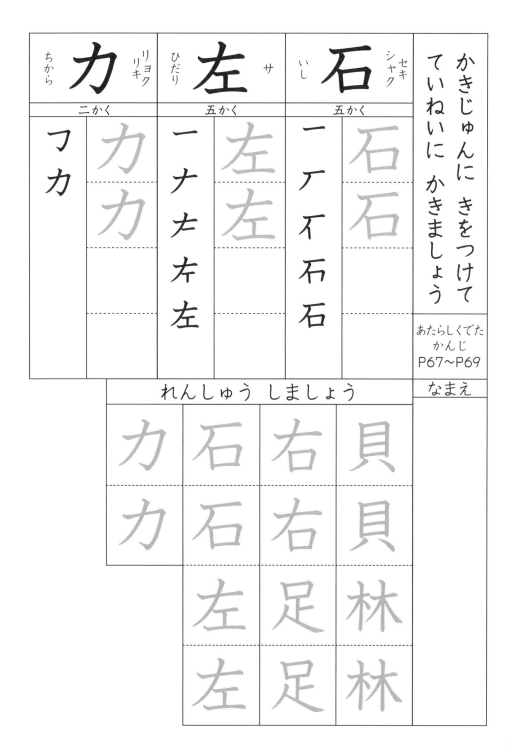

ていねいに よみがなを かきましょう

1 貝がら

2 竹林

3 右足

4 石けり

5 見つける

なまえ

ていねいに よみがなを かきましょう

1 左がわ

2 文字

3 もり上げる

4 一年生

5 力くらべ

なまえ

ていねいに なぞりがきを しましょう

1. 貝《かい》がら
2. 竹《たけ》林《ばやし》
3. 右《みぎ》足《あし》
4. 石《いし》けり
5. 見《み》つける

なまえ

ていねいに なぞりがきを しましょう

1. 左《ひだり》がわ
2. 文《も》字《じ》
3. もり上《あ》げる
4. 一《いち》年《ねん》生《せい》
5. 力《ちから》くらべ

なまえ

かんじを ていねいに かきましょう

1 かいがら

2 たけばやし

3 みぎあし

なまえ

4 いしけり

5 みつける

かんじを ていねいに かきましょう

1 ひだりがわ

2 もじ

3 もりあげる

なまえ

4 いちねんせい

5 ちからくらべ

ていねいに
よみがなを　かきましょう

1 左足

2 二まい貝

3 村まつり

4 人が入る

5 石ころ

なまえ

ていねいに
よみがなを　かきましょう

1 学校

2 玉入れ

3 力もち

4 おもい出

5 小学生

なまえ

ていねいに なぞりがきを しましょう

1 左《ひだり》足《あし》

2 二《に》まい貝《がい》

3 村《むら》まつり

4 人《ひと》が入《はい》る

5 石《いし》ころ

なまえ

ていねいに なぞりがきを しましょう

1 学《がっ》校《こう》

2 玉《たま》入《い》れ

3 力《ちから》もち

4 おもい出《で》

5 小《しょう》学《がく》生《せい》

なまえ

かんじを ていねいに
かきましょう

なまえ

1 ひだりあし

2 にまいがい

3 むらまつり

4 ひとが はいる

5 いしころ

かんじを ていねいに
かきましょう

なまえ

1 がっこう

2 たまいれ

3 ちからもち

4 おもいで

5 しょうがくせい

ていねいに よみがなを かきましょう

1 木のは

2 大きい男

3 小さい子

4 天の川

5 一・二・三

なまえ

ていねいに よみがなを かきましょう

1 女の人の手

2 四・五・六

3 七・八・九

4 十まい

5 青い空

なまえ

ていねいに なぞりがきを しましょう

なまえ

1 木《き》のは

2 大《おお》きい男《おとこ》

3 小《ちい》さい子《こ》

4 天《あま》の川《がわ》

5 一《いち》・二《に》・三《さん》

ていねいに なぞりがきを しましょう

なまえ

1 女《おんな》の人《ひと》の手《て》

2 四《し》・五《ご》・六《ろく》

3 七《しち》・八《はち》・九《く》

4 十《じゅう》まい

5 青《あお》い空《そら》

かんじを ていねいに かきましょう

1. きのは
2. おおきい おとこ
3. ちいさいこ
4. あまのがわ
5. いち・に・さん

なまえ

かんじを ていねいに かきましょう

1. おんなのひとの て
2. し・ご・ろく
3. しち・はち・く
4. じゅうまい
5. あおい そら

なまえ

ていねいに よみがなを かきましょう

1 見学

2 校しゃ

3 だんご虫

4 上と下

5 正しい文字

なまえ

ていねいに よみがなを かきましょう

1 山の水

2 竹かご

3 車りん

4 月よう日

5 たき火

なまえ

ていねいに なぞりがきを しましょう

なまえ

1. 見《けん》学《がく》
2. 校《こう》しゃ
3. だんご虫《むし》
4. 上《うえ》と下《した》
5. 正《ただ》しい文字《もじ》

ていねいに なぞりがきを しましょう

なまえ

1. 山《やま》の水《みず》
2. 竹《たけ》かご
3. 車《しゃ》りん
4. 月《げつ》よう日《び》
5. たき火《び》

かんじを ていねいに
かきましょう

1 けんがく

2 こうしゃ

3 だんごむし

4 うえと した

5 ただしい もじ

なまえ

かんじを ていねいに
かきましょう

1 やまの みず

2 たけかご

3 しゃりん

4 げつようび

5 たきび

なまえ

まとめテスト（9）

P69
P72
P75
P78

なまえ

①□《かい》がら　②□《たけ》③□《ばやし》に　④□《はい》る　⑤□《みぎ》と　⑥□《ひだり》

⑦□《あし》を　⑧□《あ》げる　きれいな　⑨□《いし》を　⑩□《み》つける

⑪□《いち》⑫□《ねん》⑬□《せい》で　⑭□《も》⑮□《じ》を　ならう

⑯□《あお》い　くつ　⑰□《てん》に　のぼる　⑱□《おとこ》の　⑲□《ひと》

⑳□《おんな》の　㉑□《こ》　㉒□《むら》を　㉓□《で》る

㉔□《き》を　きる　ひろい　㉕□《そら》

まとめテスト (10)

P69
P72
P75
P78

なまえ

①□《いし》けり

②□《ちから》もち

③□《たけ》かご

④□《やま》の⑤□《うえ》

ていねいに⑥□《じ》をかく

⑦□《ぶん》をよむ

⑧□《かわ》がながれる

⑨□《しょう》⑩□《がく》⑪□《せい》

⑫□《むら》の⑬□《おとこ》の⑭□《こ》

⑮□《たま》⑯□《い》れ

⑰□《おお》きな⑱□《き》

おもい⑲□《で》

⑳□《みぎ》がわをあるく

㉑□《ひだり》㉒□《あし》を㉓□《あ》げる

㉔□《そら》を㉕□《み》る

ていねいに よみがなを かきましょう

1 五百円の本

2 気がつく

3 町と村

なまえ

4 中に入る

5 森で休む

ていねいに よみがなを かきましょう

1 目玉やき

2 糸車

3 お金

なまえ

4 名まえ

5 千円を出す

ていねいに なぞりがきを しましょう

1 五百円《ごひゃくえん》の本《ほん》

2 気《き》がつく

3 町《まち》と村《むら》

なまえ

4 中《なか》に入《はい》る

5 森《もり》で休《やす》む

ていねいに なぞりがきを しましょう

1 目玉《めだま》やき

2 糸車《いとぐるま》

3 お金《かね》

なまえ

4 名《な》まえ

5 千円《せんえん》を出《だ》す

かんじを ていねいに かきましょう

1 ごひゃくえんの ほん

2 きが つく

3 まちと むら

4 なかに はいる

5 もりで やすむ

なまえ

かんじを ていねいに かきましょう

1 めだまやき

2 いとぐるま

3 おかね

4 なまえ

5 せんえんを だす

なまえ

ていねいに よみがなを かきましょう

1 白い貝がら

2 犬の耳

3 右と左

4 早くおきる

5 赤い花

なまえ

ていねいに よみがなを かきましょう

1 入り口

2 年をとる

3 生まれる

4 力いっぱい

5 小さい音

なまえ

ていねいに なぞりがきを しましょう

1 白《しろ》い貝《かい》がら

2 犬《いぬ》の耳《みみ》

3 右《みぎ》と左《ひだり》

4 早《はや》くおきる

5 赤《あか》い花《はな》

なまえ

ていねいに なぞりがきを しましょう

1 入《い》り口《ぐち》

2 年《とし》をとる

3 生《う》まれる

4 力《ちから》いっぱい

5 小《ちい》さい音《おと》

なまえ

かんじを ていねいに かきましょう

1 しろい かいがら

2 いぬの みみ

3 みぎと ひだり

4 はやく おきる

5 あかい はな

なまえ

かんじを ていねいに かきましょう

1 いりぐち

2 としを とる

3 うまれる

4 ちからいっぱい

5 ちいさい おと

なまえ

まとめテスト（11）

P83
P86

なまえ

①□《な》まえを よぶ

②□《まち》の③□《なか》に④□《はい》る

⑤□《いと》をつむぐ

⑥□《せん》⑦□《えん》さつ

お⑧□《かね》

⑨□《いぬ》の⑩□《みみ》

⑪□《もり》で⑫□《やす》む

⑬□《はや》くねる

⑭□《かい》がら

⑮□《みぎ》と⑯□《ひだり》の⑰□《あし》

⑱□《くち》をあける

⑲□《ちから》くらべ

たぬきの⑳□《め》㉑□《だま》

㉒□《しろ》い㉓□《くるま》

㉔□《き》をつける

㉕□《むら》まつり

にている かん字

なまえ

あれ？ なんだか おかしいね。

□に 正《ただ》しく かきましょう。

① 犬《おお》きな 大《いぬ》が いる

② 玉《おう》さまの 日王《めだま》

③ 休《はやし》で 林《やす》む

④ 百《しろ》い ボールが 白《ひゃっ》こ

⑤ 中《むし》かごの 虫《なか》

⑥ 石足《みぎあし》で 右《いし》を ける

⑦ 入《ひと》が 人《はい》る

⑧ 字校《がっこう》で 文《も》学《じ》を かく

⑨ 見《かい》がらを 貝《み》つける

⑩ 男《ちから》もちの 力《おとこ》

一年生のまとめテスト (1)

なまえ

一こ一てん（P89・P90・P91で100もん）

①□《おお》きな　②□《いし》

③□《ちい》さな　④□《て》

⑤□《おんな》の　⑥□《こ》

⑦□《がっ》⑧□《こう》へ　いく

⑨□《とお》⑩□《か》

⑪□《いつ》つの　みかん

⑫□《さん》びきの　ぶた

⑬□《ひと》つ

⑭□《ふた》つ

⑮□《むし》かご

⑯□《よっ》つ

⑰□《むっ》つ

⑱□《なな》つ

⑲□《やっ》つ

⑳□《ここの》つ

お㉑□《しょう》㉒□《がつ》

㉓□《やま》のぼり

㉔□《かわ》の　㉕□《みず》

㉖□《あめ》ふり

㉗□《あお》い　㉘□《そら》

㉙□《おとこ》の　㉚□《ひと》

さく㉛□《ぶん》

㉜□《じ》をかく

つくえの　㉝□《うえ》

㉞□《した》を　㉟□《み》る

一年生のまとめテスト（2）

なまえ

１こ１てん（P89・P90・P91で100もん）

㊱□《か》よう㊲□《び》

よい㊳□《てん》㊴□《き》

㊵□《た》うえ

㊶□《たけ》やぶ

㊷□《なか》に㊸□《はい》る

じどう㊹□《しゃ》

㊺□《まち》の㊻□《ひと》

㊼□《ひゃっ》㊽□《ぽん》の㊾□《き》

㊿□《な》まえ

51□《ゆう》がた

52□《せん》53□《えん》さつを

54□《だ》す

55□《くるま》に56□《き》をつける

57□《はやし》と58□《もり》

59□《おと》が　きこえる

60□《しろ》い61□《いと》

62□《いち》63□《ねん》

64□《は》65□《っ》66□《か》

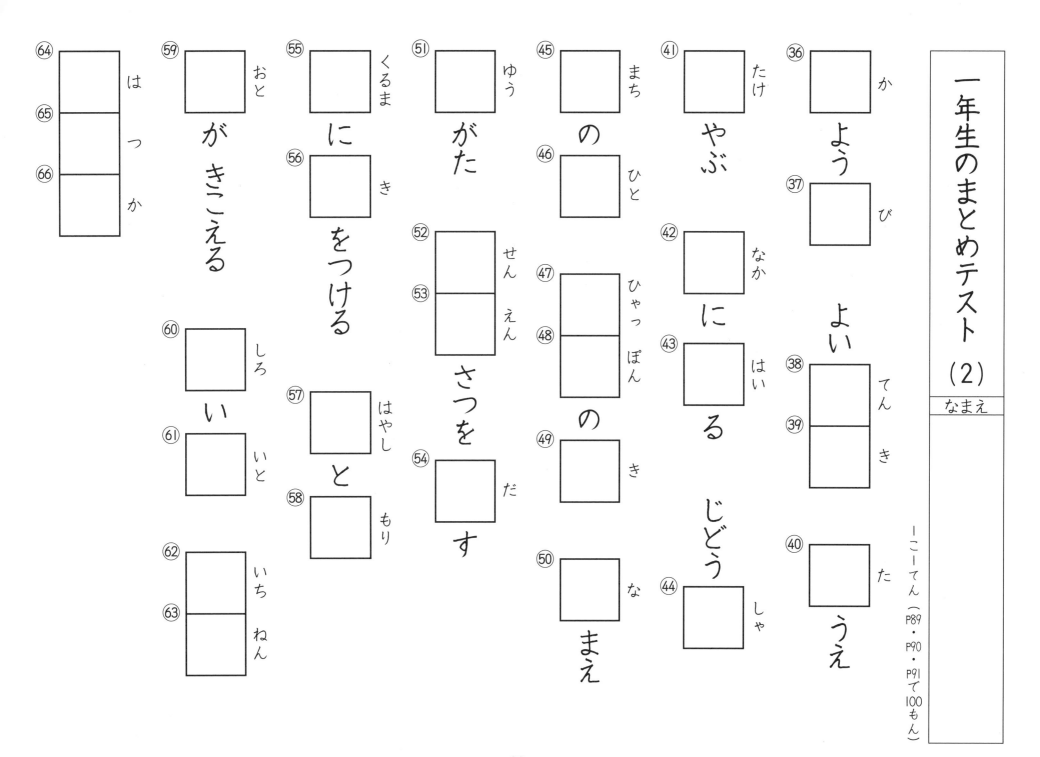

一年生のまとめテスト（3）

なまえ

1こ1てん（P89・P90・P91で100もん）

67 □《あか》い　68 □《はな》

69 □《いぬ》が　70 □《う》まれる

71 □《はや》おき

72 □《みみ》を　すます

73 □《みぎ》74 □《あし》

75 □《ひだり》76 □《て》

77 □《にち》78 □《げつ》79 □《か》80 □《すい》81 □《もく》82 □《きん》83 □《ど》

84 □《おう》さま

85 □《かい》がら

86 □《ちから》もち

87 □《むら》の　88 □《はやし》

89 □《くち》を　あける

90 □《め》91 □《だま》やき

92 □《しょう》93 □《がく》94 □《せい》

95 □《せん》96 □《せい》

97 □《やす》む　いすの

98 □《うえ》に　99 □《た》つ

100 □《くさ》を　たべる

P.16

まとめテスト（1）

P5 P8 P11 P15

なまえ

①大《おお》きな ②木《き》

③一《ひと》つ たたく

④小《ちい》さな ⑤手《て》

⑥三《さん》にん

⑦四《よっ》つ

⑧十《じっ》ぽん

⑨青《あお》い ⑩空《そら》

⑪女《おんな》の ⑫子《こ》

⑬天《てん》に とどく

⑭六《ろく》まい

⑮九《きゅう》こ

こぶたが ⑯七《しち》ひき

⑰八《はち》にん

⑱男《おとこ》の ひと

えんぴつが ⑲五《ご》ほん

りんごが ⑳二《に》こ

16

P.17

まとめテスト（2）

P5 P8 P11 P15

なまえ

①三《みっ》つ

②一《いっ》ぴきの いぬ

③五《いつ》つ

④大《おお》きな くるま

⑤小《ちい》さな はっぱ

⑥二《ふた》つ

⑦四《よん》まい

⑧青《あお》い くつ

⑨空《そら》を みる

⑩天《てん》まで とどけ

⑪女《おんな》の ひと

⑫八《はち》ひき

⑬九《ここの》つ

⑭六《ろっ》こ

⑮男《おとこ》の ⑯子《こ》

⑰七《なな》ほんの ⑱木《き》

⑲十《とお》かぞえる

⑳手《て》を つなぐ

17

P.29

まとめテスト（3）

P21 P25 P28

なまえ

①学《がっ》②校《こう》へ いく

③雨《あめ》が ふる

④月《つき》が でる

⑤山《やま》に のぼる

⑥上《うえ》と ⑦下《した》

⑧竹《たけ》とんぼを つくる

ろうそくの ⑨火《ひ》を けす

⑩田《た》うえを する

⑪川《かわ》が ながれる

⑫虫《むし》を ⑬見《み》つける

⑭文《ぶん》しょうに かく

⑮正《ただ》しい ⑯字《じ》

⑰手《て》の ひら

お⑱日《ひ》さま

⑲水《みず》あそび

⑳小《ちい》さな さかな

29

P.30

まとめテスト（4）

P21 P25 P28

なまえ

①虫《むし》の こえ

②山《やま》の ③上《うえ》

つくえの ④下《した》

⑤学《がっ》⑥校《こう》が ⑦大《だい》すき

⑧月《つき》を ⑨見《み》る

⑩竹《たけ》やぶ

⑪雨《あめ》が やむ

⑫小《ちい》さな ⑬川《かわ》

⑭日《ひ》が のぼる

⑮火《ひ》が もえる

⑯田《た》んぼ

⑰水《みず》を のむ

⑱字《じ》を ⑲正《ただ》しく かく

⑳文《ぶん》を よむ

30

P.48

まとめテスト (5)
P34 P37 P41 P44 P47
なまえ

じどう ①車《しゃ》 ②町《まち》の ③中《なか》を あるく

④女《おんな》の ⑤人《ひと》 ⑥気《き》をつける

⑦本《ほん》を よむ ⑧森《もり》に ⑨入《はい》る ⑩名《な》まえ

⑪夕《ゆう》がた ⑫千《せん》⑬円《えん》さつを ⑭出《だ》す

⑮百《ひゃく》まい ⑯花《はな》を かざる ⑰休《やす》みじかん

お⑱金《かね》を はらう ⑲土《つち》を ほる お⑳正《しょう》㉑月《がつ》

㉒四《し》㉓月《がつ》㉔四《よっ》㉕日《か》

P.49

まとめテスト (6)
P34 P37 P41 P44 P47
なまえ

①車《くるま》の ②中《なか》 ③日《にち》よう日 ④町《まち》に ⑤出《で》る

⑥二《は》⑦十《つ》⑧日《か》は ⑨休《やす》みです ⑩森《もり》の ⑪木《き》

げん⑫気《き》な ⑬人《ひと》 ⑭花《はな》びら ⑮百《ひゃく》さつ

⑯千《せん》⑰円《えん》の ⑱本《ほん》を かう ⑲水《すい》よう

⑳金《きん》よう ㉑土《つち》を こねる いえに ㉒入《はい》る

㉓月《げつ》よう ㉔火《か》よう 八月 ㉕八《よう》日

P.64

まとめテスト (7)
P53 P57 P60 P63
なまえ

①赤《あか》ちゃんが ②生《う》まれる ③王《おう》さまの ④耳《みみ》

⑤口《くち》を あける 一 ⑥年《ねん》が すぎる

いすの ⑦上《うえ》 もんだいを ⑧出《だ》す

⑨犬《いぬ》が ほえる ⑩草《くさ》を たべる

⑪立《た》ち ⑫上《あ》がる ⑬先《さき》に いく ⑭糸《いと》⑮車《ぐるま》

⑯大《だい》すき ⑰早《はや》く おきる ⑱白《しろ》い ⑲子《こ》ねこ

⑳七《なの》㉑日《か》 ㉒目《め》㉓玉《だま》 ㉔六《ろっ》か ㉕月《げつ》

P.65

まとめテスト (8)
P53 P57 P60 P63
なまえ

この ①先《さき》の みちを いく ②赤《あか》いろ

③小《ちい》さな ④音《おと》 ⑤草《くさ》はら

⑥一《いち》⑦年《ねん》⑧目《め》 ⑨耳《みみ》を ⑩立《た》てる

⑪口《くち》を あける ⑫村《むら》の人 かいだんを ⑬上《のぼ》る

⑭学《がっ》⑮校《こう》が ⑯大《だい》すき ⑰早《はや》く ⑱大《おお》きくなる

⑲花《か》だん ⑳年《とし》を とる となりの ㉑子《こ》

㉒一《いち》㉓円《えん》㉔玉《だま》を ㉕出《だ》す

P.79

まとめテスト（9）

P69 P72 P75 P78

なまえ

①貝《かい》がら ②竹《たけ》③林《ばやし》に ④入《はい》る ⑤右《みぎ》と ⑥左《ひだり》

⑦足《あし》を ⑧上《あ》げる きれいな ⑨石《いし》を ⑩見《み》つける

⑪一《いち》⑫年《ねん》⑬生《せい》で ⑭文《も》⑮字《じ》を ならう

⑯青《あお》い くつ ⑰天《てん》に のぼる ⑱男《おとこ》の ⑲人《ひと》

⑳女《おんな》の ㉑子《こ》 ㉒村《むら》を ㉓出《で》る

㉔木《き》を きる ひろい ㉕空《そら》

79

P.80

まとめテスト（10）

P69 P72 P75 P78

なまえ

①石《いし》けり ②力《ちから》もち ③竹《たけ》かご

④山《やま》の ⑤上《うえ》 ていねいに ⑥字《じ》を かく

⑦文《ぶん》を よむ ⑧川《かわ》が ながれる ⑨小《しょう》⑩学《がく》⑪生《せい》

⑫村《むら》の ⑬男《おとこ》の ⑭子《こ》 ⑮玉《たま》⑯入《い》れ

⑰大《おお》きな ⑱木《き》 おもい ⑲出《で》

⑳右《みぎ》がわを あるく ㉑左《ひだり》㉒足《あし》を ㉓上《あ》げる

㉔空《そら》を ㉕見《み》る

80

P.87

まとめテスト（11）

P83 P86

なまえ

①名《な》まえを よぶ ②町《まち》の ③中《なか》に ④入《はい》る

⑤糸《いと》を つむぐ ⑥千《せん》⑦円《えん》さつ お⑧金《かね》

⑨犬《いぬ》の ⑩耳《みみ》 ⑪森《もり》で ⑫休《やす》む

⑬早《はや》く ねる ⑭貝《かい》がら ⑮右《みぎ》と ⑯左《ひだり》の ⑰足《あし》

⑱口《くち》を あける ⑲力《ちから》くらべ たぬきの ⑳目《め》㉑玉《だま》

㉒白《しろ》い ㉓車《くるま》 ㉔気《き》を つける

㉕村《むら》まつり

87

P.88

にている かん字

なまえ

あれ？ なんだか おかしいね。

□に 正《ただ》しく かきましょう。

① 犬《おお》きな 大《いぬ》が いる　大きな 犬が いる

② 玉《おう》さまの 日王《めだま》　王さまの 目玉

③ 休《はやし》て 林《やす》む　林で 休む

④ 百《しろ》い ボールが 白《ひゃっ》こ　白い ボールが 百こ

⑤ 中《むし》かごの 虫《なか》　虫かごの 中

⑥ 石足《みぎあし》で 右《いし》を ける　右足で 石を ける

⑦ 入《ひと》が 人《はい》る　人が 入る

⑧ 字校《がっこう》で 文学《もじ》を か　学校で 文字を かく

⑨ 見《かい》がらを 貝《み》つける　貝がらを 見つける

⑩ 男《ちから》もちの 力《おとこ》　力もちの 男

88

P.89

一年生のまとめテスト（1）

なまえ

1こ1てん（P89・P90・P91で100もん）

① 大《おお》きな ② 石《いし》

③ 小《ちい》さな ④ 手《て》

⑤ 女《おんな》の ⑥ 子《こ》

⑦ 学《がっ》⑧ 校《こう》へ いく

⑨ 十《とお》⑩ 日《か》

⑪ 五《いつ》つの みかん

⑫ 三《さん》びきの ぶた

⑬ 一《ひと》つ ⑭ 二《ふた》つ

⑮ 虫《むし》かご

⑯ 四《よっ》つ

⑰ 六《むっ》つ

⑱ 七《なな》つ

⑲ 八《やっ》つ

⑳ 九《ここの》つ

お ㉑ 正《しょう》㉒ 月《がつ》

㉓ 山《やま》のぼり

㉔ 川《かわ》の ㉕ 水《みず》

㉖ 雨《あめ》ふり

㉗ 青《あお》い ㉘ 空《そら》

㉙ 男《おとこ》の ㉚ 人《ひと》

さく ㉛ 文《ぶん》

㉜ 字《じ》を かく

つくえの ㉝ 上《うえ》

㉞ 下《した》を ㉟ 見《み》る

P.90

一年生のまとめテスト（2）

なまえ

1こ1てん（P89・P90・P91で100もん）

㊱ 火《か》よう ㊲ 日《び》

よい ㊳ 天《てん》㊴ 気《き》

㊵ 田《た》うえ

㊶ 竹《たけ》やぶ

㊷ 中《なか》に ㊸ 入《はい》る

じどう ㊹ 車《しゃ》

㊺ 町《まち》の ㊻ 人《ひと》

㊼ 百《ひゃっ》㊽ 本《ぽん》の ㊾ 木《き》

㊿ 名《な》まえ

(51) 夕《ゆう》がた

(52) 千《せん》(53) 円《えん》 さつを (54) 出《だ》す

(55) 車《くるま》に (56) 気《き》を つける

(57) 林《はやし》と (58) 森《もり》

(59) 音《おと》が きこえる

(60) 白《しろ》い (61) 糸《いと》

(62) 一《いち》(63) 年《ねん》

(64) 二《は》(65) 十《つ》(66) 日《か》

P.91

一年生のまとめテスト（3）

なまえ

1こ1てん（P89・P90・P91で100もん）

(67) 赤《あか》い (68) 花《はな》

(69) 犬《いぬ》が (70) 生《う》まれる

(71) 早《はや》おき

(72) 耳《みみ》を すます

(73) 右《みぎ》(74) 足《あし》

(75) 左《ひだり》(76) 手《て》

(77) 日《にち》(78) 月《げつ》(79) 火《か》(80) 水《すい》(81) 木《もく》(82) 金《きん》(83) 土《ど》

(84) 王《おう》さま

(85) 貝《かい》がら

(86) 力《ちから》もち

(87) 村《むら》の (88) 林《はやし》

(89) 口《くち》を あける

(90) 目《め》(91) 玉《だま》やき

(92) 小《しょう》(93) 学《がく》(94) 生《せい》

(95) 先《せん》(96) 生《せい》

(97) 休《やす》む

いすの (98) 上《うえ》に (99) 立《た》つ

(100) 草《くさ》を たべる

新版　くりかえし漢字練習プリント 1年

2021年3月10日　第1刷発行

著　　　者：原田 善造（他 10 名）

発　行　者：岸本 なおこ
発　行　所：喜楽研（わかる喜び学ぶ楽しさを創造する教育研究所）
〒604-0827　京都府京都市中京区高倉通二条下ル瓦町 543-1
TEL　075-213-7701　FAX　075-213-7706
HP　https://www.kirakuken.co.jp/
印　　　刷：株式会社米谷
ISBN:978-4-86277-329-6
Printed in Japan